D1638102

Traduit de l'américain par Catherine Chaine

ISBN 978-2-211-02191-3
Première édition dans la collection « lutin poche » : septembre 1984
© 1981, l'école des loisirs, Paris, pour la traduction en langue française
© 1978, Judi Barrett, pour le texte original
© 1978, Ron Barrett, pour les illustrations
Titre original : « Cloudy with a Chance of Meatballs » (Atheneum, New York, 1979)
Traduction française publiée en accord avec Simon & Schuster
Loi numéro 49 956 du 16 juillet 1949 sur les publications
destinées à la jeunesse : septembre 1984
Dépôt légal : juin 2010
Imprimé en France par Mame à Tours

Il pleut des hamburgers

Texte de Judi Barrett
Illustrations de Ron Barrett

lutin poche de l'école des loisirs
11, rue de Sèvres, Paris 6e

Nous étions tous assis dans la cuisine, autour de la grande table. C'était samedi matin. Le jour des crêpes. Maman pressait des oranges. Henri et moi, nous faisions des paris : lequel de nous deux mangerait le plus de crêpes. Grand-Père commençait à les faire sauter.

… atterrit directement sur Henri.

Quand nous avons compris que cette machine volante n'était qu'une crêpe, nous avons tous ri, même Grand-Père. Le petit déjeuner se poursuivit sans incident : toutes les crêpes retombèrent dans la poêle.
Elles furent toutes mangées,
même la crêpe
volante.

Ce soir-là, inspiré par l'incident de la crêpe, Grand-Père, pour nous endormir, inventa son plus beau conte.

«Au-delà de l'océan, au-delà des montagnes escarpées, au-delà des déserts torrides et d'un autre océan plus petit…

... il y avait la ville minuscule
de Ratatouille.

À première vue, c'était une petite ville semblable à toutes les autres. Elle avait une rue principale bordée de magasins, des maisons entourées d'arbres et de pelouses, une école, trois cents habitants environ, et quelques chiens et chats.

Mais il n'y avait pas de magasins d'alimentation dans la
ville de Ratatouille.
Le ciel y pourvoyait.

Le climat de Ratatouille était
vraiment particulier.
Trois fois par jour, au petit
déjeuner, au déjeuner et au
dîner, la nourriture tombait
du ciel.

11

Les gens se nourrissaient suivant l'humeur du temps. Il n'y avait jamais de pluie. Jamais de neige. Jamais de vent. Mais il pleuvait par exemple de la soupe et des jus de fruits. Il neigeait de la purée de pommes de terre et il grêlait des petits pois. Et parfois, le vent charriait des nuages de hamburgers.

14

Quand les habitants de la ville sortaient, ils emportaient avec eux leurs assiettes, tasses, verres, fourchettes, couteaux, cuillères et serviettes. Ainsi ils étaient toujours prêts, quel que soit le temps.

S'il y avait des restes – et il y en avait souvent – les gens les emportaient chez eux et les mettaient dans leurs réfrigérateurs au cas où ils auraient faim entre les repas.

15

Les menus variaient. Le matin, au réveil, le petit déjeuner descendait du ciel. Après une brève douche de jus d'orange, arrivaient des nuages d'œufs au plat, suivis de tranches de pain grillé. Du beurre et de la confiture arrosaient les tartines. Et la plupart du temps, il pleuvait ensuite du chocolat.

Pour le déjeuner, il pleuvait du nord-est des saucisses de Francfort, toutes prêtes.
Des nuages de moutarde s'amoncelaient tout près. Puis le vent tournait et apportait
de l'ouest des haricots. Une bruine de limonade terminait le repas.

17

Au dîner tombait une pluie de côtes d'agneau, parfois très drue, accompagnée de sauce tomate. Des averses de petits pois et de pommes de terre au four suivaient, puis un magnifique flan à l'orange se couchait à l'ouest.

Le Service de Nettoiement de Ratatouille avait un rôle important.
Il devait enlever la nourriture tombée sur les maisons, les trottoirs
et les pelouses. Il nettoyait les rues après chaque repas et nourris-
sait les chats et les chiens.
Puis il vidait une partie de ses bennes dans la mer pour nourrir les
poissons, les tortues et les baleines.
Le reste, utilisé comme engrais, enrichissait le sol des jardins.

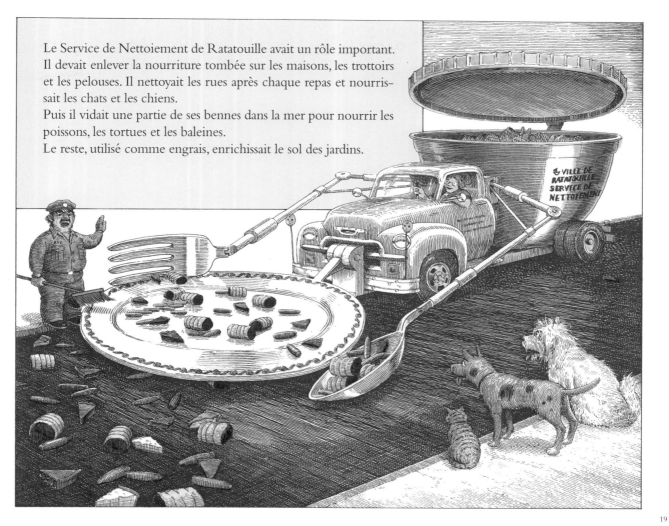

19

Un jour, il tomba toute la journée du roquefort.

Le jour suivant, il n'y eut que des brocolis trop cuits.

Et le lendemain, ce furent des choux de Bruxelles à la chantilly et à la mayonnaise.

Le surlendemain, il y eut un brouillard de vraie purée de pois. On n'y voyait plus rien et il était presque impossible de trouver sa nourriture noyée dans le brouillard.

Il tombait de plus en plus de nourriture et les portions étaient de plus en plus grosses. Les habitants en étaient effrayés. Souvent, de violents orages éclataient. Il se passa des choses horribles. Un mardi, il y eut un ouragan de pains et de croissants toute la journée et toute la nuit. Il pleuvait des petits pains durs et des petits pains frais, avec ou sans graines. Il pleuvait du pain blanc et du pain complet. Jamais de leur vie, les gens n'en avaient vu autant. Ce fut un jour terrible. Chacun devait rester chez soi. Des toits furent endommagés et le Service de Nettoiement ne savait plus où donner de la tête. Les vagues roulaient des pains par milliers.

Pour déblayer, les gens en entassèrent dans leurs cours autant qu'ils le purent. Les oiseaux en picoraient bien un peu, mais il en resta encore beaucoup et ils moisirent sur place.

Un matin, il y eut une tempête de crêpes et un déluge de sirop d'érable qui submergea presque la ville. Une énorme crêpe s'abattit sur l'école. Personne ne put l'enlever à cause de son poids et il fallut fermer l'école.

Un autre jour, les trottoirs furent envahis de sandwichs au fromage ou à la confiture. Tout le monde en mangea trop, et la journée se termina par une terrible indigestion.

Il y eut un vent de sel et de poivre suivi d'une tornade de tomates. Les gens éternuaient comme des fous et couraient n'importe où pour éviter les tomates. La ville était sens dessus dessous. Il y avait des pépins et de la pulpe partout.

25

Le Service de Nettoiement démissionna. Chacun craignait pour sa vie. La plupart du temps, les gens ne pouvaient pas sortir de chez eux. Beaucoup de maisons avaient été très endommagées par des boulettes de viande géantes. Les magasins fermèrent et il n'y eut plus d'école pour les enfants.

Il fut donc décidé de quitter la ville de Ratatouille. C'était une question de vie ou de mort.

Ils partirent sur ces radeaux vers des terres nouvelles, avec le strict nécessaire.

Après avoir navigué une semaine, ils accostèrent dans un petit port qui leur fit bon accueil. Curieusement, le pain s'était bien conservé, juste assez pour en faire des maisons.

Les enfants retournèrent à l'école, et les adultes se mirent à chercher du travail dans ce nouveau pays. Pour eux, le plus grand changement fut d'acheter la nourriture dans des magasins. Ils trouvaient bizarre de voir les aliments sur des étagères, serrés dans des boîtes de conserve ou mis en bouteilles. La viande, qu'ils devaient désormais faire cuire, était conservée dans de grands réfrigérateurs. Plus rien ne tombait du ciel, sauf la pluie et la neige. Plus de nuages d'œufs au plat au-dessus des toits. Plus jamais personne ne reçut de hamburgers sur la tête. Ils n'osèrent pas retourner à Ratatouille pour voir ce qui s'y passait. Ils avaient trop peur. »

Henri et moi, nous avons gardé les yeux grands ouverts pendant toute l'histoire de Grand-Père. Je me souviens même de son baiser du soir.

Le lendemain matin, au réveil, il neigeait.

Nous sommes descendus prendre le petit déjeuner et nous l'avons mangé un peu plus vite que d'habitude, pour aller faire de la luge avec Grand-Père.

C'est drôle, mais, en descendant la colline, nous avons cru voir une énorme motte de beurre au sommet, et nous sentions presque une bonne odeur de purée…